Michael Kampik

Die Erschaffung des Kusses

MICHAEL KAMPIK

DIE ERSCHAFFUNG DES KUSSES UND ANDERE LEGENDEN VON DER LIEBE

Mit Illustrationen von Josef Oberberger

Herder

Freiburg · Basel · Wien

Herstellung: Freiburger Graphische Betriebe 1986
ISBN 3-451-20635-8

Inhalt

Präludium

Warum ich diese Geschichten geschrieben habe?

Darf ich mit einer Geschichte antworten?

Für einen Text, der so etwas war wie ein literarischer Liebesdienst, hatte ich als Autorenhonorar, weil er mit Geld nicht zu bezahlen war, eine kostbare alte Figur bekommen. Einen spanischen Christus, handgroß, Renaissance, den Torso eines Auferstandenen, eine Gestalt von tänzerischer Grazie und Grandezza – ein Juwel.

Im Moment kann ich dieses kostbare Honorar, diese holzgeschnitzte alte Figur, nirgends anders verstauen als in meiner Reisetasche. Ich bin unterwegs von Mannheim nach Zürich, im Intercity. Kurz vor Basel kommt der Zollbeamte in mein Abteil, mustert mein Gepäck, mustert mich, mit einem unvergeßlich mißtrauischen Blick. Und stellt die dienstliche Frage: „Haben Sie Waren zu verzollen?"

Ich verneine. Doch der Grenzbeamte schenkt mir leider keinen Glauben. Er will es ganz genau wissen. Und nach eingehender Untersuchung meiner Habseligkeiten zieht er meinen lieben Gott aus der Reisetasche und hält ihn mir vorwurfsvoll unter die Nase. Vergeblich versuche ich ihm den wahren Sachverhalt klarzumachen.

„Zweifellos sind Sie so was wie ein Dichter. Aber Ihre Geschichte, so gut sie erfunden ist, kaufe ich Ihnen leider nicht ab. Denn im Dienst dürfen wir Zöllner leider nicht gläubig sein. Nur privat. Und: *privat* bin ich ein gläubiger Mensch. Ganz genauso, wie Sie es angeblich auch sind. Nur: *dienstlich* darf ich's nicht sein. Kommen Sie bitte mit aufs Büro!"

Ja, ich begreife. Aus dienstlichen Gründen hat er die Pflicht, mir zu unterstellen, ich habe diesen kostbaren Torso ergaunert, wolle ihn über die Grenze schmuggeln, ins Ausland, um ihn dort zu Geld zu machen, so wie Judas, ich sei also möglicherweise so eine Art Christusdieb und Christusschmuggler ... Und wolle dunkle Geschäfte machen.

Wie eine arme Seele, die bei der Aufnahmeprüfung in den Himmel durchgefallen ist, trotte ich hinter dem Grenzbeamten her, der die Grenzen seines Schweizer Paradieses bewacht wie der Erzengel mit dem Flammenschwert den Garten Eden.

Doch das Festsetzen des Zolltarifs bereitet unvorhergesehene Schwierigkeiten. Wir können uns nicht auf einen objektiven Wert dieser kostbaren Figur einigen. „Schauen Sie", sage ich zu dem ungläubig dreinschauenden Zöllner, „ein besessener Kunstsammler, bei dem Geld keine Rolle spielt, würde bei einer Auktion jeden Preis dafür bezahlen, wenn er einen Narren gefressen hat an diesem kleinen, kostbaren Torso. Er würde ein sündteures Geld dafür bezahlen. Und dabei wurde dieselbe Figur vielleicht einmal für einen Spottpreis verscherbelt, weil sie ihr Besitzer um jeden Preis loshaben wollte. Sie wissen ja: Angebot und Nachfrage!" Dem Zöllner ging ein Licht auf. Und: er hatte einen Einfall.

„Wissen Sie was, ich mache Ihnen einen Vorschlag: Sie lassen die Figur für die Dauer Ihres Auslandsaufenthalts hier im Zollamt von Basel. Unverzollt. Bei Ihrer Rückkehr händige ich sie Ihnen anstandslos wieder aus. Wir lassen die Frage offen, ob Sie ein Gauner sind oder tatsächlich ein gläubiger Mensch. Und der

Christus bleibt hier bei mir. Sie wissen ja: bei uns Zöllnern hat er sich immer sehr wohlgefühlt. Sie kennen doch die Bibel? Oder?" Der Zöllner schmunzelte. Die salomonische Lösung schien ihm selber einen gewissen Spaß zu bereiten. Er kratzte sich ein wenig verlegen am Kopf. Füllte ein amtliches Formular aus. Größe, Gewicht, Wert – alle Rubriken werden exakt ausgefüllt. Bei „Wert" malt er bedächtig ein schön geschwungenes Fragezeichen hinein. Und dann werden alle restlichen Formalitäten mit dem bereits erwähnten dienstlichen Unglauben und der bereits bekannten privaten Religiosität des Zöllners erledigt.

Nur drei Tage bin ich in Zürich. Folglich verbringt auch der kostbare spanische Christus drei Tage und drei Nächte in der grabesdunklen Schublade des Zollbüros. Nach drei Tagen wird er mir wieder anstandslos ausgehändigt, der kleine Torso des Auferstandenen. Und die Frage bleibt ungeklärt, ob ich so etwas wie ein Antiquitätenjudas bin oder ein „christlicher Dichter"; oder weiß der Teufel was sonst ...

Jedenfalls fühlte ich mich nach dieser Grenzerfahrung dem Gangsterpoeten François Villon noch ein wenig mehr wahlverwandt als bisher.

Jedenfalls begriff ich ein bißchen besser jene seelische Zerreißprobe, die Sankt Joseph zu bestehen hatte.

Oder das, was ein Mann wie Orpheus durchgemacht hat. An der Grenze, unterwegs ins Ausland Ewigkeit ...

Die Tänzergeschichte tanzt vielleicht ein wenig aus der Reihe, doch das liegt in ihrer Natur ...

Genauso wie die Legende von der Erschaffung des Kusses und seiner Errettung, in der von einem geradezu metaphysischen Liebeskummer die Rede ist, mit dem wir alle mehr oder weniger erblich belastet sind.

Jedenfalls, wie aus der Zöllnergeschichte zu ersehen ist, zwingt einen schon der ganz normale Alltag dazu, Grenzen zu überschreiten.

Landesgrenzen, Verstandesgrenzen oder gar Paradiesesgrenzen – da muß man nicht erst zurückgehen bis zu Adam und Eva.

Daß man dabei gewisse Grenzerfahrungen macht, ist unausbleiblich. Auch das Bild hier deutet so ein Überschreiten der eigenen Grenzen an. Da ist eine Hand zu sehen, eine Hand mit Herz, die einen Stern berührt. Greift sie „beherzt" nach den Sternen? Ist's eine Sternstunde des Herzens? Oder ist es ganz einfach ein Herz, das über sich selbst hinauswächst? Nimmt da jemand sein Herz in die Hand und eine Aufgabe in Angriff? Und wächst dabei über sich hinaus? Himmelhoch über sich hinaus, bis zu den Sternen?

Ein exakter Betrachter wird feststellen, daß es sich nicht um eine Schwurhand handelt, nicht um einen erhobenen Zeigefinger, sondern: um eine linke Hand. Nicht daß diese Geschichten unbedingt mit der linken Hand geschrieben worden seien, nein, das nicht. Aber diese linke Hand greift – vielleicht – ein wenig linkisch, aber dafür um so beherzter, nach den Sternen. Ja, sie greift nach den Sternen. Nicht mit Pathos freilich, sondern – „mit links".

Die Ballade von der Gauklermadonna

Andächtig hörten sie ihm zu, seine Zechkumpane in der verruchten und verrauchten kleinen Kneipe in Paris, als er ihnen sein neuestes Chanson vortrug, mit seiner sonoren Cellostimme.

Es handelte sich um so etwas wie ein Gnadengesuch an die höchste Instanz, geschrieben in höchster Not, nicht in eigener Sache, nein, im Namen einer armen Seele, die sich hilfesuchend an den Dichter gewandt hatte; und diese arme Seele war niemand Geringeres als die eigene Mutter. Schließlich hatte ihr Sohn François eine gewisse Übung und ein gewisses Talent im Verfassen von Gnadengesuchen entwickelt, er war schließlich verwickelt in allerhand kriminelle Abenteuer, in dunkle Geschichten, die Polizei war hinter ihm her.

Er betrachtete die Welt, notgedrungen, gewissermaßen aus der Galgenvogelperspektive.

Die Galgenlieder von François Villon waren überall, wo er auftauchte, überaus beliebt. Wie er selbst auch. Und nicht nur die Galgenlieder, in denen er sich als Lebenskünstler und absolut nicht als Stümper in der Kunst des Sterbens erwies, waren legendär. Nein, ein Sterbestümper war er nicht. Die Kunst des Sterbens beherrschte er, wenn man seinen Balladen Glauben schenken darf, mit derselben lässigen Nonchalance wie die Liebeskunst. Und das spürten die Leute, wenn sie ihm zuhörten, seine Zechkumpane in der kleinen Bordellkneipe oder all die vielen Leute auf dem Land, die kleinen Leute, die ihn ins Herz geschlossen hatten und bei denen er immer wieder Zuflucht fand, er, der dauernd Gehetzte. Oft, in einsamen Gehöften an langen Abenden am Kamin, gab er all seine Balladen zum besten, sein berühmtes großes Testament, in dem er seinen Zuhörern alles vermachte, was er besaß: sein frommfrivoles Herz natürlich in allererster Linie, und alles andere als Zugabe.

Aber was er heute abend singt, klingt anders als alles, was man sonst von ihm kennt. Die

Verse, die er heute abend vorsingt, hat er auf Drängen seiner Mutter geschrieben: „Schreib nicht immer nur Bordellballaden und Galgenlieder", hat sie gesagt, „schreib einmal was für mich! Ich bin alt, ich hab' Angst vor dem Tod, ich mach' mir Vorwürfe deinetwegen, weil du auf die schiefe Bahn gekommen bist, dauernd auf der Flucht vor der Polizei, wegen dieser dunklen Geschichte, bei der sogar Blut geflossen ist. Aber nicht daß ich mich groß über dich erheben wollte, nein, ich werd' auch an mir selber irre. Schau, ich war dieses Jahr wieder im Beichtstuhl: Glaubenszweifel hab' ich gebeichtet. Der Abbé hat mir zwar die Absolution gegeben, aber die Zweifel konnte er mir auch nicht nehmen! Kannst du nicht was für mich schreiben, das mich tröstet! Für meine alten Tage! Und – für meine letzte Stund'!"

François hatte abwehren wollen: er, als Krimineller, als Gauner und als Sittenstrolch, wie sollte ausgerechnet er seine arme alte Mutter trösten können in ihrer größten Not?

Und er wollte ihr die Sache ausreden: „Ich will schaun, ob ich ein schönes Gebetbuch auftreiben kann für dich, aber – ich? Ein Gebet für dich schreiben? Nie!"

Doch seine Mutter ließ sich nicht abbringen davon: „Du bist doch ein Dichter. Alle sagen es! Immer wieder macht man mir Komplimente wegen deiner Verse! Du *mußt* mir was schreiben! Eine Art Bewerbungsschreiben für die ewige Seligkeit! Denn ich seh' schwarz für mich ... Doch du, du bist doch – ein Dichter. Also: keine Widerrede!"

Wohl oder übel mußte François sich an diese schwere Arbeit machen. Sein Papierkorb konnte ein Lied davon singen, wie schwer es ist, ein Lied zu schreiben, das es verdient, mit „François Villon" signiert zu werden. François stürzt sich in die Arbeit. Müht sich ab. Nein, leicht macht er sich's nicht. Denn er will sie nicht abspeisen mit so einem ausgeklügelten Geschreibsel, wo man in höheren Regionen schweben muß. Nein, er will ihr Worte in den Mund legen, die sie von sich aus niemals in den Mund nehmen würde. Die sie von sich aus niemals über die Lippen bringen würde. Nein, von sich aus würde sie es niemals übers Herz bringen, derart selbstbewußt hinzutreten vor den Allerhöchsten und die Madonna. Sie soll mit ihr reden von Frau zu Frau. Schließlich ist sie ja wer! Schließlich ist sie ja sogar die Mutter eines Dichters – wenn dieser Dichter freilich auch ein Mörder war ...

François, der sein poetisches Testament stets mit sich herumtrug, immer wieder was draus vortrug, aus seinem legendär gewordenen Großen Testament – François erinnerte sich daran, daß es auch noch ein anderes Großes Testament gab: das Neue Testament. Und er las wieder einmal nach, was uns in diesem Testament alles vermacht werden soll, nach dem Tode dessen, in dessen Namen es geschrieben wurde. Und da fiel ihm eine Stelle auf, die ihm besser gefiel als alles andere. Da war die Rede davon, daß wir alle Wohnungen bekommen sollten, Wohnungen im Himmel. Das war handfest. Das war was für einen Dichter. Damit konnte man was anfangen. Denn wenn ein Mensch, der ernsthaft an sein Ende denken muß, eine kleine Wohnung in Aussicht hat, eine kleine Wohnung, die ihm testamentarisch vermacht wurde in einem Testament, von dem alle Welt etwas profitieren soll, nicht nur die paar Hinterbliebenen dessen, in dessen Namen es geschrieben wurde, sondern: Jedermann, weil dieses Testament ein Jedermannstestament war, geschrieben für Jedermannserben: drum wollte er die Sache mit der himmlischen Wohnung in seine Ballade hineinbringen.

François wollte in seinem Chanson die scheinbar unüberbrückbare Kluft zwischen der kleinen Wohnung in Paris, in der seine Mutter momentan wohnte, und jener kleinen Wohnung im Paradies, die ihr testamentarisch zugedacht war im Neuen Testament, überbrücken.

Als Kind hatte François oft jene Legenden gehört, die von den Vollmachten erzählen, die der Allerhöchste seiner irdischen Mutter übertragen hatte. Von Machtvollkommenheiten, von einer gewissen Selbständigkeit ...

Seine Mutter hatte ein ganz besonderes Zutrauen zur Muttergottes, die man in Frankreich „Notre Dame" nennt. Dem guten François aber wollte dieser ehrwürdige Name beim besten Willen nicht über die Lippen kommen und in die Feder fließen. Er nannte sie deshalb nur: *Madame.*

Und weils in Frankreich ein kleines Mariengnadenbild gibt, das den Namen „Die Gauklermadonna" trägt, was zurückgeht auf einen Gaukler, der eines Tages in der Kirche anfing, zu Ehren der Muttergottes mit seinen Bällen und mit seinen Keulen zu jonglieren und danach sogar noch für sie zu tanzen, denn er war nicht nur so ein dahergelaufener Jahrmarktsgaukler, sondern auch ein großer Tänzer vor dem Herrn – weil es also diese nach einem Kollegen benannte Madonna gab, drum taufte François Villon sein Mariengebet: Ballade von der

Gauklermadonna

François, geboren 1431 in Paris, hat tatsächlich auf Bitten seiner Mutter eine Marienballade geschrieben, wenn auch die Umstände ihrer Entstehung, wie sie hier geschildert werden, nicht historisch verbürgt sind, wenn auch die Übersetzung, die der Erzähler dieser Legende zu machen versuchte, nicht nur sehr frei ist, sondern sogar so frei ist, daß Mama Villon, würde sie heute und würde sie hierzulande leben, einverstanden sein müßte. Denn für niemanden anderen als für Mama Villon ist sie ja schließlich geschrieben.

DIE BALLADE VON DER GAUKLERMADONNA

Ein armer Teufel ist mein Sohn François.
Und: Ein Poet …
Mir, seiner Mutter, schrieb er dies Gebet.
Mir legte er für triste Stunden und
für meine letzte Stund'
die Worte in den Mund:

Madame,
wenn mich der Tod demnächst vertreibt
aus meiner kleinen Wohnung in Paris,
dann treib mir du
'ne kleine Wohnung auf im Paradies!
Ich fleh' dich an.
Hat nicht dein Sohn in seinem Testament
uns Wohnungen versprochen? Wohnungen
im Paradies? Bist du nicht seine
Testamentsvollstreckerin?
Madame,
nicht nur im Himmel und auf Erden, nein
auch in der Unterwelt hast du
ein Wörtchen mitzureden.
Und ich muß heut
ein ernstes Wörtchen mit dir reden,
ein Sterbenswörtchen nur ...

Ein Gaukler und ein Sittenstrolch
ist er geworden, mein Sohn.
Und – kriminell.
Und seine Wohnung hat er im Gefängnis oder
im Bordell,
mein Sohn.
Doch diese Verse schrieb er mir
für dich: Ist er nicht nett,
mein Sohn?
Hast du nicht auch viel mitgemacht

mit deinem Sohn, *Madame?*
Einst sprach ein Engel Worte, die
dich schwanger machten.
Dein Sohn sprach Worte, die
ihn an den Galgen brachten.
Und als er tot
in deinem Schoße lag
und deine Hände blutig waren
von seinem Blut
– er war noch jung, sehr jung –
da trat sein Testament in Kraft.
Hat nicht dein Sohn auch mir
etwas vermacht?
Hat er denn nicht auch mich
in seinem Testament bedacht?
Ich bin so arm.
Doch du, mit deinem Charme …
mit deinen
Beziehungen!
Du kennst doch
Gott und die Welt.
Du kennst auch den,
der diese Zeilen schrieb,
die alles sind,
was mir von ihm noch blieb,
du kennst auch meinen armen Sohn:

François Villon

Joseph der heilige Zweifler

Feierabend war's. Der Schreinermeister Sankt Joseph, wohnhaft in Nazareth, zündet sich seine Pfeife an und lehnt sich zurück in den alten Lehnstuhl, den er heute repariert hat. Er sinniert vor sich hin. Ein mulmiges Gefühl hat er, seitdem er weiß, daß seine junge Frau ihr erstes Kind erwartet.

Wes Geistes Kind es freilich ist, ist für ihn noch ein Buch mit sieben Siegeln. Ahnt er etwas? Vielleicht. Doch er käme sich geradezu gotteslästerlich vor, wenn er sich so mir nichts dir nichts dem Glauben hingäbe: Dieses Kind, das seine junge Frau erwartet, sei der Messias, den alle Welt erwartet.

Vorderhand weiß er nur eins: Es ist ein Kind unterwegs. Sein traumwandlerisch sicheres Gespür für göttliche Dinge sagt ihm zwar, daß es sich in diesem Falle um etwas ganz Besonderes handeln müsse. Doch er ist ein Mensch. Einfach nur ein Mensch. Und er weiß: Jeder Mensch, der auf die Welt kommt, ist etwas Besonderes.

Und deshalb zwingt er sich zu dem Gedanken, schweren Herzens freilich:

Wenn sie jemanden anderen kennengelernt haben sollte, die Maria, und wenn sie es nicht übers Herz bringt, mir dies zu gestehen, dann muß ich den ersten Schritt tun und ihr die Chance geben, sich von mir zu trennen.

Aber was wird dann aus mir? Ohne sie?

Für ihn selber ist der Gedanke an eine Trennung natürlich ein kleiner Weltuntergang. Doch wenn er sie schon an einen anderen verlieren soll, dann will er wenigstens ein guter Verlierer sein.

Doch daß er Maria an einen anderen verlieren könnte, *will* er einfach noch nicht recht glauben. Daß dieser andere allerdings kein Geringerer sein könnte als der Gott seiner Väter, der Gott Abrahams, Isaaks und Jakobs: dies *kann* er einfach noch nicht recht glauben.

Wenn dies der Fall sein sollte, so sagt er sich, dann muß ich mich erst recht zurückziehen. Dann störe ich ja nur. Und außerdem ist er Handwerker. Realist. Und nichts kommt ihm abwegiger vor, als daß der Messias, den alle Welt erwartet, ausgerechnet bei jemandem wie ihm aufwachsen wolle. Nein, sagt er sich. Für so was bin ich nicht der Richtige.

Und schmaucht sein Pfeiferl und runzelt die Stirn und kommt ins Studieren. Studiert freilich hat er nicht. Ein Schriftgelehrter ist er keiner. Sondern ein Schreiner. Freilich, sein Metier läßt ihm viel Zeit zum Nachdenken. Ein nachdenklicher Mensch ist er schon.

Da kommt noch was auf mich zu, sagt er im Stillen zu sich. Ich darf gar nicht dran denken.

Er war ratlos. Er war überfordert. Er war niedergeschlagen. Und er war heute, wo er zum erstenmal ernsthaft erwog, sich von seiner jungen Frau zu trennen, völlig verstört.

Auf Bayerisch würde man sagen: „Ganz derbräslt war er ..."

Und weil ihm die Gnade des Glaubens noch nicht in jenem Ausmaße zuteil geworden war, dessen er bedurft hätte, um dem Heiligen Geist – geistig – einigermaßen gewachsen zu sein, blieb ihm nichts anderes übrig als: zu zweifeln.

Zuallererst zweifelte er an sich selbst. An seiner Qualifikation als potentieller Erzieher des Messias. Nein, er würde niemals ein guter Vater sein können für so einen Sohn, den er eventuell an Sohnes Statt annehmen sollte.

Und dann bezweifelte er auf einmal, ob es denn möglich sei, daß diese Welt tatsächlich erlöst werden könnte. Er wußte, daß ein Erlöser, der vom Himmel käme, auf Erden wenig Chancen hätte.

Und nicht zuletzt zweifelte er daran, ob er wirklich der passende Partner für seine junge Frau sei. Daß es eine ganz besondere Bewandtnis mit ihr hätte, wußte er vom ersten Augenblick an. Es war Liebe auf den ersten Blick gewesen. Und nicht nur von seiner Seite. Aber jetzt war alles auf einmal ganz anders. Vergeblich hoffte er darauf, daß sie ihm erklären würde, was vorgefallen war. Doch: wie hätte sie ihm auch das Unbegreifliche begreiflich machen sollen? Sie begriff es ja selbst nicht.

Das Matthäusevangelium, in dem von Josephs seelischer Zerreißprobe die Rede ist, berichtet kein einziges Wort aus seinem Mund. Er hüllte sich offenbar in Schweigen, der momentan überforderte Schreinermeister aus Nazareth. Und sagte kein einziges Wort. Nicht einmal „Ja und Amen". Und weil er jemand war, der nicht zu allem „Ja und Amen" sagte, weil er aber in seinem momentanen Konflikt keinen anderen Ausweg sah, als sich in aller Stille und in aller Freundschaft von seiner jungen Frau zu trennen – und: weil er dies nie übers Herz gebracht hätte, drum glaubt er, daß er das Recht hätte, vom Himmel eine Erklärung zu erbitten für all diese unerklärlichen Begebenheiten.

Und auch Gott selber hatte wohl den Eindruck, er sei dem künftigen Erzieher seines Sohnes eine Erklärung schuldig. Denn für den Schöpfer Himmels und der Erde, für Gott, den allmächtigen Weltenbaumeister, war der kleine Schreinermeister aus Nazareth kein unvermeidliches Anhängsel, sondern ein Mann von Format. Ein Mann, dessen Adresse die erste Adresse seines Sohnes auf Erden werden sollte.

Gottvater also erteilte einem seiner begabtesten Engel den Auftrag: er solle ihm alles verdolmetschen, was sich zugetragen hatte zwischen Himmel und Erde.

Joseph nun sah sich in einem Traum über ein Stück Papier gebeugt sitzen. Er versuchte, einen liebevollen Abschiedsbrief zu schreiben an seine junge Frau. Noch hat er ein unbeschriebenes Blatt vor sich liegen. Nur die Anrede, nur der Name der Geliebten ist drauf zu lesen. Doch mit dem Text hat er die allergrößten Schwierigkeiten.

In Gestalt einer Taube sitzt der Heilige Geist auf dem unbeschriebenen Blatt, auf dem jungfräulich weißen Blatt Papier. Joseph starrt auf dieses leere Blatt. Lauscht in sich hinein. Und hört in sich selber auf einmal die erlösende Stimme des göttlichen Dolmetscherengels:

„Leg den Stift aus der Hand. Schreib ihn nicht, diesen Brief. Trenn dich nicht von ihr. Denn ihr Kind braucht einen Vater. Und sie selbst braucht einen Mann. Einen Mann von Format. Und ihr Kind, das vom Himmel

kam, braucht auf Erden ein Zuhause. Eine erste Bleibe fand er schon, der Sohn Gottes, für neun Monate zwar nur. Doch danach braucht er:

eine Adresse, eine erstklassige Adresse, und die erste Adresse des Messias hier auf Erden ist dein Haus! Bei dir soll er lernen, der Sohn Gottes, daß man zupacken muß, wenn man eine Chance haben will, diese Welt zu erlösen. Balken soll er tragen helfen. Arbeiten lernen soll er. Vorbereiten sollst du ihn auf seine große Aufgabe:

dort, wo er herkam, dort, wohin er zurückkehrt, gibt es viele Wohnungen – aber wohnlich sind sie noch nicht. Ja, im Zuhause seines Vaters gibt es Wohnungen für alle, die Abschied nehmen müssen von der Erde. Aber wohnlich sind sie noch nicht, diese Wohnungen. Nimm ihn du in die Lehre. Gott, der allmächtige Weltenbaumeister, schickt seinen Sohn zu dir in die Lehre, zu dir, dem Schreinermeister von Nazareth."

Joseph war erschlagen. Das war zu schön, um wahr zu sein. Zwar war er alle Zweifel los, die ihn bis jetzt gequält hatten. Doch nun stellte sich ein neuer Zweifel ein. Ein Zweifel an seiner Fähigkeit, einem solchen Lehrling als Meister gewachsen zu sein.

Da öffnete ihm der Engel die Augen. Und er brachte ihm liebevoll und mit einfachen Worten bei, wes Geistes Kind es sei, das er an Kindes Statt annehmen sollte.

„Ich bin nur ein Engel. Und kein Schriftgelehrter. Drum kann ich dir keinen gelehrten Vortrag über den Messias halten, sondern nur – mit Engelszungen – über ihn reden.

Schau, Joseph, deine junge Frau kommt doch genauso wie du aus dem Hause David. Und Jesus soll ein würdiger Nachfahr des Tänzerkönigs werden, der, wie du weißt, vor der Bundeslade getanzt hat. Auch Jesus hat Tänzerblut in seinen Adern. Schon bei seiner Zeugung tanzte er aus der Reihe. Aus der Ahnenreihe von Abraham, Isaak und Jakob. Und doch reiht er sich ein unter die Menschen. Unter die sterblichen Menschen. Lebt und stirbt wie sie. Reiht sich am Ende ein in den großen Totentanz der Weltgeschichte. Doch so wie er am Anfang aus der Reihe tanzte, so tut er's auch am Ende. Er tanzt aus der Totentanzreihe, tanzt ins ewige Leben, reißt alle mit, die sich mitreißen lassen von seinem Auferstehungselan …

Doch als Kind und als Lehrling wird er sich einfügen in den Werkstattalltag. Denn wer so tollkühne Zukunftspläne hat wie Jesus, Zukunftspläne, die weit hinausgehen über jede Art von Zukunftsmusik, wie wir sie kennen, wir Engel und ihr Menschen – wer solche Pläne hat wie der Sohn des göttlichen Weltenbaumeisters, der kann in der Werkstatt eines so tüchtigen Schreinermeisters, wie du es bist, eine ganze Menge lernen. Ganz zu schweigen von all den anderen Qualitäten, die er an dir studieren kann: Vernunft, Takt, Noblesse ..."

Joseph war erlöst.

Wäre Sankt Joseph ein Bayer gewesen, dann hätte der Engel, um sich verständlich machen zu können, sich des Bayerischen bedienen müssen. Dann hätte Gottvater einen strahlenden Barockengel hinuntergeschickt ins nächtliche Nazareth. Der Engel wäre vor des Schreinermeisters Werkstattür gestanden und hätte das Namensschild studiert, das Aushängeschild, das nur aus drei Buchstaben bestanden hätte: IHS. Der Engel hätte blitzschnell eine Beziehung hergestellt zwischen seinem himmlischen Auftraggeber und seinem bayerischen Adressaten. IHS heißt selbstverständlich soviel wie Jesus. Aber heißt es nicht *auch*: „I hoaß Sepp"? Ich heiß' Sepp ...

Und im Traum hätte der Engel zu ihm gesagt

– und zwar keineswegs bagatellisierend, sondern geradezu erlösend: „Denk dir nix, Sepp! Menschlicher werden soll's. Bei euch hier in Bayern und auf der ganzen Welt. Und sogar in der ewigen Seligkeit, ja: sogar in der ewigen Seligkeit soll's menschlicher werden.

Und auch alles andere hätte der Engel ihm ins Bayerische übersetzt. Und Josephs Antwort hätte am Ende nur geheißen:

Ja wenn das sooo ist! Ja dann!

Alles hätte der Joseph freilich nicht gleich kapiert, auf Anhieb. Aber schön langsam, eins nach dem andern, wie sich's für einen Handwerker gehört, der nichts überstürzt. Nicht einmal das Handwerk des Betens. Ein großer Handwerker ist er geworden. Seine Hand hat er schon über manchen gefährdeten Menschen gelegt, nicht nur über Jesus.

Jedenfalls ging Joseph, nachdem er im Traum von einem Engel darüber aufgeklärt worden war, wes Geistes Kind er an Kindes Statt annehmen sollte, zu Maria. Er spürt, bevor er noch selber zu Wort kommen kann, daß sie ihm etwas gestehen will. Etwas, was sie gar nicht recht verstehen *kann.* Doch Joseph wehrt ab: „Maria, du brauchst mir doch nichts zu erklären. Ich nehm' dich doch – so wie du bist."

Im Laufe seines Lebens hat er mehr und mehr die Tragweite jener Worte erkannt, die er wie einen kostbaren Schatz bis an sein Lebensende in seinem Herzen verwahrte. Engelsworte! Wer hat schon Engelsworte in seinem Wortschatz ... *Er* hatte sie.

Sein Ende ist historisch nicht verbürgt. Aber kann denn das Eingehen eines Menschen aus der Zeit in die Ewigkeit historisch verbürgt werden? Eines aber verbürgt die Legende: Joseph ist der einzige Mensch, bei dem der Totenschein und der Heiligenschein gleichzeitig ausgestellt werden konnten, wenn man so sagen darf. Denn unsereins nimmt allerhand seelischen Ballast mit auf die letzte Reise. Drum ist sie so beschwerlich!

Beim Joseph war alles ganz einfach. Es wird wohl in der Werkstatt gewesen sein, als sein letztes Stünderl schlug. Doch der Schauplatz tut nichts zur Sache.

Feierabend war's. So etwa gegen fünf Uhr. Der Joseph fällt um. Wie ein Baum. Er ruft noch einmal nach seiner Frau und nach seinem himmlischen Lehrling: „Jesus! Maria!" Und die beiden geliebten Namen verschmelzen zu einem einzigen letzten Stoßgebet, das bis auf den heutigen Tag nichts von seiner Beliebtheit verloren hat: „Jessesmaria!“ seufzt er ein letztes Mal. Und dann war's still in der Werkstatt. Sehr still.

Indessen steht der Joseph vor der Himmelstür. Und will hinein, in die ewige Seligkeit. Aber einen Petrus hat's damals noch nicht gegeben. Und: die Himmelstür klemmt! Fürchterlich! Seit Jahrtausenden schon.

Das erste, was er tut: Er macht sich an die Arbeit. Verschafft sich einen gewissen Überblick übers Jenseits, um festzustellen, wo er sich nützlich machen könnte. Denn auch im Jenseits noch bleibt er ein Realist. Nicht daß er eigenmächtig anfinge, in der Hölle Hintertüren einzubauen, die in den Himmel führen. Dies überläßt er, der kleine Schreinermeister, Gott dem allmächtigen Weltenbaumeister. Sankt Josephs Verbesserungsvorschläge fürs Jenseits sind viel, viel bescheidener.

Nach Absprache mit dem Allerhöchsten und nach Fürsprache für uns arme Teufel gewährte ihm Gott ein ungewöhnliches Privileg:

In seiner himmlischen Möbelschreinerei macht er für die Neuankömmlinge im Jenseits Möbel. Mittlerweile hat er natürlich schon einen beachtlichen Mitarbeiterstab. Und da kommt jeder, der es in der Ewigkeit gern wohnlich hat, auf seine Kosten. Da gibt's Möbel! Möbel!

Und bei so mancher himmlischen Festivität hat er, zu vorgerückter Stunde, schon seinen Lebensroman erzählt. Die Geschichte seines Liebeskummers und seiner ersten Ehekrise, seiner Sternstunde, seiner Sterbestunde und seiner Himmelfahrt mit Hindernissen ...

Bayerischer Kurztitel: IHS

Einer wie Orpheus

Es hatte jemanden gegeben in seinem Leben, den es nun schon lange nicht mehr gab.

Es gab ein Grab. Es gab Erinnerungen. Doch die Erinnerungen waren alles andere als verklärt. Und der Tod hatte sich in all den Jahren nicht verjährt. Es war ihm, als sei es erst gestern gewesen. Ihm war, als sei die Welt der Toten eine Art Ausland außerhalb all jener Länder, die auf dem Globus zu finden sind.

Nein. Der Tod hatte seine Liebe nicht zunichte machen können. Vielmehr vernichtete seine Liebe, die ihn noch immer mit der nunmehr im „Ausland" Lebenden verband, jegliches Gefühl der Trauer. Ja, eine gewisse Sachlichkeit stellte sich ein.

Daß es sich um Liebe handeln mußte, war daraus zu ersehen, daß es Leute gab, die ernstlich böse und ausgesprochen eifersüchtig waren auf jemanden, der doch längst schon „außer Konkurrenz" war. Längst schon im „Ausland". All die vielen beschönigenden Umschreibungen des Totseins wollten ihm nicht so recht einleuchten. Das Reich der Toten war für ihn etwas, das er nur mit dem summarischen Begriff „Ausland" beschreiben konnte. Ein Ausland außerhalb der Landesgrenzen all jener Länder, die im Atlas verzeichnet sind.

Ja, er war da recht eigenwillig, in diesem Punkt. War es die Liebe, die ihn blind machte für den Umstand und die Tatsache, daß auch unsterblich Verliebte nur ganz gewöhnliche Sterbliche sind?

Um diese Frage beantworten zu können, müssen wir eine Rückblende einschieben in den Verlauf unserer Erzählung.

Wie so oft sitzen die beiden Glücklichen in der altmodischen Küche, im obersten Stockwerk des geliebten alten Hauses. Sie sehen über die Dächer hinüber zum See. Es ist Abend. Und die Welt ist ein einziger großer dämmriger Festsaal, austapeziert mit einer Sternentapete.

Es gibt wohl da und dort eine Tapetentür,

durch die man aus und ein gehen kann. Man kann verschwinden in den Sternen. Man läßt sie alle an ihrem Platz. Man greift nicht nach ihnen. Man verspricht einander nicht, man werde sich die Sterne vom Himmel holen.

Nein, man bleibt auf der Erde. Man erzählt sich dies und das. Kleine Beobachtungen auf der Straße. Vielleicht ist es eine kongeniale Beobachtungsgabe, die beide zueinander geführt hat: „Ist dir das aufgefallen?“ – „Ist dir jenes aufgefallen?“ – „Hast du gemerkt, wie?“ Mit dem größten Vergnügen werden die kleinsten Erlebnisse erzählt.

Brot liegt auf dem Tisch, eines mit einer schönen dunklen und knusprigen Kruste. Wein steht da. Brot und Wein und Geschichten. Mehr nicht. So verbringen sie die wenigen Abende, die sie sich wegstehlen können von ihrer Arbeit, die ihnen keine Zeit läßt für ein ausführliches Privatleben.

Zu den Schätzen, die sie gemeinsam besitzen, zählt die Kastanienallee, die sie vom Fenster der behaglichen kleinen Küche aus sehen können. Einer Küche, die nicht ordentlich ist. Die eher aussieht wie ein bizarres Maleratelier: nostalgischer Trödelladenkrimskrams an den

Wänden, in hölzernen Gestellen aufgereiht alte Krüge und Teller, Fotos an die Wände geheftet, in alten Schränken alles Hab und Gut, was man für eine Zauberküche benötigt, in der internationale Rezepte ihre Uraufführungen erlebten. Selten genug. Man sieht sich eben selten. Viel zu selten. Das ist's.

Und vor der bunten Kulisse all dieser Habseligkeiten, im großen, von weißen Sprossen gegliederten Fenster: die Kastanienallee.

„Wie eine kostbare alte Perlenkette, diese rostbraunen Bäumchen unten auf der Straße, findest du nicht?"

„Und jetzt, im Winter: wie eine verblichene alte Schrift im Schnee. Die Allee, die sich an der Häuserzeile entlangzieht. Wie eine alte Schriftzeile, diese filigranen Gerüste der Äste."

„Und die Frühlingsallee, die sich wie eine riesige Wolkenkette über die Erde wälzt, wie eine Wolkenallee, mit ihren rosa und weißen Kronleuchtern."

„Und als ich heimkam, es war Nacht, es war Sommer: da ging ich durch die kühle Allee wie durch einen spanischen Kreuzgang in einem Kloster, die Säulen der Stämme und das Dach der Blätter. Ganz andächtig bin ich plötzlich geworden."

Die Kastanienallee ist ein Stück Paradies für

die beiden. Und wenn sie auch die vier Jahreszeiten nicht miteinander erleben können, weil das Leben, das sie führen, ihnen keine Zeit dazu läßt, so erleben sie doch die wenigen Tage, die sie für sich ganz alleine haben, ganz besonders intensiv. Und die Kulisse, die sich stets wandelnde Kulisse ihrer arg beschnittenen gemeinsamen Geschichte ist die Allee im Fenster. Einen gemeinsamen Frühling hatten sie nie, ein paar kurze, strahlende Sommertage gibt es immer wieder, der Herbst ist die einzige Zeit, in der sie Zeit füreinander haben. Und der Winter verjagt sie immer wieder aus ihren vier Wänden in alle vier Winde. Kein Wunder, daß der Kosename, den Orpheus für seine Gefährtin, oder besser: für seine Komplizin, fand, ein sehr sachliches Liebes-Codewort ist: „Du bist mein Telephon. Mein Telephon zum Leben." So hat er sie einmal getauft.

Oft ist das Telephon irgendeines Hotelzimmers in irgendeiner gottverlassenen Gegend dieses Globus so etwas wie ein magisches Symbol für die heimliche Anwesenheit der fernen Geliebten. Der Name „Telephon" blieb unter allen Namen, mit denen man sich gegenseitig verzauberte, mit denen man immer neue und unbekannte Seiten des Partners hervorzauberte, die beruhigende und zuverlässige Konstante ihres Lebens.

Wie hatten sie sich kennengelernt? Wie unwichtig sind doch die Umstände. Erwähnenswert ist nur: Man war sich begegnet. Bei einem jener Anlässe, bei denen berufliche Berührungspunkte unvermerkt in private übergehen. Und unter den vielen Bekanntschaften, die man bei vielen vergleichbaren Anlässen wie dem, um den es hier geht, schließt, gab es eben diese eine, folgenreiche. Man war sich aus gewissem Abstand schon eine Zeitlang aufgefallen. Man hatte das Gefühl, man hätte sich mehr zu sagen als nur charmante Partyfreundlichkeiten. Jedenfalls mehr als „Ach wie interessant" und „Schön, Sie kennengelernt zu haben".

Es war nicht das, was man Liebe auf den ersten Blick nennt. Wohl aber ein kurzes, wortloses gegenseitiges Erkennen – ja, es gibt kein treffenderes Wort dafür als „Erkennen". Beider Blicke ruhten ineinander. Beider Lebensfilm spielte sich in diesen wenigen Augenblicken ab. Man erkannte blitzartig, mit wem man es zu tun hatte. Zwei unabhängige, nicht anlehnungsbedürftige Wesen standen sich Aug in

Aug gegenüber. Zwei Mirakel, die erkannt hatten, daß einer des anderen Lebensrätsel würde lösen können.

Beide wußten es gleichzeitig voneinander. Wußten freilich auch, daß sie nicht ein Liebespaar, nicht ein Ehepaar, aber auch nicht nur eine willkommene Abwechslung vom Alltagseinerlei füreinander sein würden. Nicht nur ein flüchtiger Flirt. Und vor allen Dingen nicht nur eine wertvolle Bereicherung. Orpheus haßte das Wort „Bereicherung" im Zusammenhang mit zwei Menschen, die sich füreinander entdeckt hatten, er haßte dieses Wort in diesem Zusammenhang auf den Tod.

Er, von dem anfangs die Rede war, der den einzigen Menschen, an den er sein Herz verloren hatte, nun an den Tod verloren hatte, konnte sich des Eindrucks nicht erwehren, daß die Akten noch nicht geschlossen waren über dem „Fall Orpheus und Eurydike". Für ihn war es immer noch ein schwebendes Verfahren.

Etliche Verehrerinnen versuchten, den leergewordenen Platz in seinem Leben einzunehmen. Sie rissen sich um ihn. Sie flogen auf ihn. Jede wollte ihn für sich ganz allein. Keine gönnte ihn der anderen. Und alle miteinander

gönnten sie ihn nicht jener nach seinen Worten „im Ausland lebenden“ Geliebten. Sie ist doch tot. Vergiß diesen Unsinn von wegen „Ausland“. Das ist doch alles Poesie und hat mit der Realität nichts zu tun.

So trösteten sie ihn. Ihn, den Untröstlichen. Doch je untröstlicher er sich zeigte, desto rabiater wurden ihre Tröstungsversuche. Sie rissen sich um ihn, hätten ihn am liebsten in Stücke gerissen. Ganz genauso wie die Furien in der alten Geschichte aus dem alten Griechenland, die sich nun wieder einmal abspielte: in einem anderen Land, mit anderen Namen, doch mit demselben Konflikt: mit des Orpheus Reise ins Totenreich und mit dem Triumph der Liebe über den Tod.

Gelegentlich ertappte sich unser Orpheus dabei, daß er in alten Photos wühlte und stöberte, in Photos, auf denen ihn immer wieder jener vom ersten Augenblick an vertraute Blick berührte. Ein beunruhigender, bittender Blick. All den Trödelladenkrimskrams, den sie bei gemeinsamen Flohmarktbesuchen für ihr kleines Domizil gefunden hatten, nahm er wieder in die Hände. Und zu den großen und kühnen Jenseitsgedanken gesellten sich die kleinen, herrlich unwichtigen Dinge, die eine geheime Verbindung herstellten zwischen hier und dort, zwischen ihr und ihm.

Natürlich träumte er nicht davon, er könne sie wieder zurückholen. Schon gar nicht mit irgendwelchen Tricks, mit denen man meint, den Tod überlisten zu können. Nein , das Totenreich blieb für ihn ein unzugänglicher Lebensbereich. Doch der Verlust jenes Menschen, an den er sein Herz gehängt hatte, hatte auch das eigene Herz dorthin mitgenommen, wo sie nun lebte: ins Ausland, außerhalb aller Landesgrenzen und aller Grabesgrenzen.

Noch immer war das Telephon ein stummes Symbol für die verlorene Stimme. Und wenn er leise den Kosenamen „Telephon" vor sich hinsagte, stand sie wieder vor ihm. Noch immer war er verliebt in ihre großen Augen. In ihren alles durchdringenden, unbestechlichen Blick, in ihr Lächeln, in ihre Schwächen. Sie konnte herrlich zornig sein. Sie konnte weinen. Sie konnte auf unnachahmliche Weise flirten. Das Wort Eifersucht existierte in ihrem und in seinem Wortschatz nicht. Denn beide hielten sich auf eine Art und Weise die Treue, die geradezu rührend war. Und weil sie sich oft lange, lange nicht sahen, blieben ihnen all jene Kräche erspart, die unvermeidlich zu sein scheinen bei Paaren, die allzuviel Zeit füreinander haben.

Vielleicht war das Besondere an diesen beiden das Fehlen jeglicher gegenseitiger Anhimmelei. Von Anfang an. Nicht einmal jetzt, wo die Geliebte möglicherweise „im Himmel" war, himmelte er sie an.

Ja, die beiden waren ein Mirakel. Und die Trauer, die den Zurückgebliebenen immer wieder überfiel, artete geradezu in Arbeit aus, in die Arbeit, all jene Worte zu untersuchen und zu überprüfen, die das Totsein umschreiben. Nichts von alledem, was die Sprache der Philosophie und der Religion an Umschreibungen fürs Totsein bereithält, fand Gnade in seinen Augen.

Er wußte nur: sie lebt. Sie lebt anderswo. Sie ist zwar längst über alle Berge. Längst jenseits aller Grenzen. Ohne daß er ihre Adresse wüßte – nur das Liebes-Codewort „Telephon" war so etwas wie eine heimliche Adresse. Sie war nicht mehr registriert im Einwohnermeldeamt. Nur noch im Buch des Lebens.

Man kann jedoch nicht behaupten, es sei seit dem plötzlichen Tode der geliebten Komplizin so etwas wie ein sehnsüchtiger Ewigkeitsenthusiasmus in ihm erwacht. Statt dessen passierte etwas eigenartig „Normales". Dies scheint erwähnenswert. Denn in vergleichbaren Situationen passiert es nicht selten, daß das bessere Jenseits geradezu fanatisch ausgespielt wird gegen das schlechtere Diesseits. Oder daß der pure Gedanke an so etwas Ähnliches wie eine Zukunft jenseits des Grabes als unverzeihliches intellektuelles Verbrechen mit geradezu inquisitorischer Unbarmherzigkeit geahndet wird.

Bei jenem Paar, dessen Geschichte hier in kurzen Zügen erzählt wird, kommt dazu, daß alle beide in ihre Arbeit mindestens ebenso vernarrt waren wie ineinander. Dies bewahrte sie wohl schon zu Lebzeiten jener Partnerin, von der wir nur den Namen „Telephon" kennen, vor gegenseitiger Überschätzung. Und es blieb ihnen viel von jenem Kummer erspart, der nicht ausbleibt, wenn man sich gegenseitig so sehr vergöttert, daß man sich mit dem lieben Gott verwechselt.

*D*as Grab lag am Rande der Stadt. Am Waldrand. In einem kleinen Friedhof, der nicht größer war als ein Wohnzimmer. Der deshalb etwas geradezu Wohnliches hatte. Er war eingezäunt von einem niedrigen, gußeisernen Jugendstilgitter. Große Thujabäume, der Boden mit Efeu bedeckt, von den wenigen Gräbern aus sah man weit ins Land, über Wiesen, am Horizont eine Kastanienallee, dahinter viel Himmel. Caspar-David-Friedrichsche Ruhe strahlte diese Landschaft aus.

Die efeugesäumte Grabplatte lag wie ein offenes Buch auf der Erde. Im Winter versteckte der Schnee sogar den Namen der Toten. Versteckte ihren Geburtstag und ihren Todestag. Noch immer erlebten die beiden die vier Jahreszeiten miteinander. Im Frühling zog sich die rosa und weiß getupfte Kastanienallee am Horizont entlang wie eine geheimnisvolle Wolkenallee. Man sah es, wenn man vor dem Grab stand. Und unser Orpheus registrierte mit Vergnügen, daß die Sonne den Schnee hatte schmelzen lassen, daß er wieder den Namen der Geliebten lesen konnte, ihren Geburtstag, an dem sie, die für ihn geschaffen war, ans Ziel ihrer ersten großen Reise gekommen war, ans Ziel ihrer neunmonatigen Reise aus dem Nichts in die Welt. Und er las ihr Todesdatum. Jenen Tag, an dem sie aufgebrochen war zu ihrer letzten Reise, zur Reise von der Erde in die Ewigkeit. Er erlebte an diesem Grab die vier Jahreszeiten. Sah von ihrem Grab aus auf die Kastanienallee am Horizont. Dachte an die erste und die letzte Reise der Geliebten. Und der

Winter kam wieder und versteckte den Namen und den Geburtstag und den Tag ihres Todes unter der weichen Schneedecke. Und fern am Horizont war die Kastanienallee wieder jene rätselhafte Schrift wie damals.

*E*ine Geschichte am Rande der Realität. Und in all den Jahren, in denen der Trauernde mühsam das Wort „Ewigkeit" zu buchstabieren lernte, erinnerte ihn immer wieder ein Bild, das er oft und oft auf der Straße sehen konnte, an seine eigene Situation: das Bild jener alten Ehepaare, die, einer den anderen stützend und führend, zu einer schier unzertrennlichen Einheit zusammengeschmolzen zu sein scheinen.

Nicht mehr zwei einzelne, die nebeneinander, jeder für sich, ihres Weges gehen, sondern zwei Einsgewordene. Immer wieder schaut er ihnen nach, wenn er sie entdeckt, auf der Straße, im Park, in der Kastanienallee vor dem Haus. Bei ihnen hat er gelernt, daß die Liebe, wenn sie nach all den Jahreszeiten und Jahren ans Ziel kommt, die trennende Kontur zwischen zwei Einsamen mehr und mehr verschwinden läßt. So lange, bis die Einsamen eins sind.

Die ernsten Gedanken und die schwer zu buchstabierenden letzten Vokabeln auf den letzten Seiten im Vokabelheft des Lebens werden schließlich geläufiger und kommen immer flüssiger über die Lippen. Immer leichtfüßiger kommen sie daher, die letzten Fragen und die letzten Jahre und die letzten Dinge.

Und die Blätter tanzen im Herbstwind.

Wenn die Zeit stillsteht

Dem Gedächtnis des Tänzers
Heinz Bosl (1946–1975)

Florians erste Begegnung mit dem längst zur Legende gewordenen Tänzer hatte stattgefunden in einer altehrwürdigen Münchner Gaststätte im Herzen der Stadt – im Herzen der Weltstadt mit Herz: im *Franziskaner.* Man hatte telephonisch einen Termin ausgemacht. Anlaß war ein Artikel, den Florian fürs Feuilleton der Abendzeitung schreiben sollte. Ein Porträt.

Bei Leberkäs, Weißbier und Brezen saßen die zwei einander noch völlig Unbekannten sich gegenüber. Unterhielten sich über Herkunft und Werdegang, Privates, Professionelles, Prinzipielles: alles kam zur Sprache, was von Wichtigkeit sein könnte für dieses Tänzerporträt. Was Florian machen würde aus all den Anekdoten und Episoden, war noch eine andere Sache. Jedenfalls hatte er Stoff in Hülle und Fülle.

Anfangs hatten die beiden noch eine gewisse Scheu gehabt voreinander. Lampenfiebrig, ja, das stimmt, fast ein wenig lampenfiebrig saßen sie sich gegenüber. Doch die anfängliche Scheu wurde rasch verscheucht. Und am Ende wurde Heinz ein wenig ernst und gestand dem jungen Journalisten: „Florian, ich glaub', ich hab' noch keinem Menschen so viel über mich erzählt wie dir."

Florian hatte eine Art, die es mit sich brachte, daß man ihm alles anvertraute. Man hatte das Gefühl, er würde schon das Richtige daraus machen. Schließlich hatte er sich einen gewissen Namen gemacht in seiner Branche. Einen Namen, der nicht nur ein Markenzeichen war für seine Artikel, sondern auch so etwas wie ein Kosename. Und: an einen so hochkarätigen Namen wie Heinz Bosl wäre er nie und nimmer herangekommen, wenn er nicht der gewesen wäre, der er eben war: der Florian.

Heinz hatte ihm alles erzählt. Alles. Sogar vom Dorf seiner Kindheit. Von romantischen Versteckspielen. Von der Dorfkirche mit dem Zwiebelturm, der weithin sichtbar war, in der Rheinebene, im Schwarzwald, an der Grenze zum Elsaß. Und erst die Großmutter! Sie war die Seele des Ganzen. Sie, die so stolz war auf das gezuckerte Rahmbrot, das es bei ihr immer gab. Allzu oft. Eines Tages behauptete sie stock und steif, sogar im Himmel gäbe es so ein gezuckertes Rahmbrot. „Und sonst nichts?" hätte er, kreidebleich, gefragt. So wie der Münchner im Himmel sich nicht abspeisen ließ mit Manna und Hosianna, so ließ sich Heinz schon in seiner Kindheit nicht abspeisen mit derart trüben Aussichten auf eine Fortsetzung jener auf dem großmütterlichen Speisezettel penetrant wiederkehrenden Zuckerbrotgenüsse bis ins ewige Leben hinein. Und noch zwei Jahrzehnte nach dieser ersten kindlichen Verstörung stand ihm der Schrecken von damals ins Gesicht geschrieben, wenn er davon erzählte. Doch so anfechtbar diese gezuckerte Rahmbrotreligion der Großmutter auch gewesen sein mochte, ihre sonstigen Ansichten über Gott und die Welt waren es nicht. Nein, über seine Großmutter, die der gute Geist seiner Kindheit war, ließ er nichts kommen. Sie war und blieb für ihn über jeden Zweifel erhaben. Ihr, so gestand er, verdanke er für seine Kunst mindestens ebensoviel wie all jenen Leuten von Rang und Namen, die im Verlaufe seiner Tänzerkarriere wegweisend wurden für ihn.

Wie war es dazu gekommen, daß er hatte Tänzer werden wollen? Schwer zu sagen. Vielleicht wußte er es selber noch nicht. Er wußte nur, daß er das Glück hatte, Eltern zu haben, die unter vielen Opfern den kindlichen Künstlertraum wahrzumachen halfen. So gut sie es konnten.

Es kamen die Jahre der Ausbildung. Doch als sie zu Ende gingen, als die eigentliche Tänzerlaufbahn ihren Anfang nehmen sollte, drohte eine tückische Krankheit alles mühsam Erarbeitete zunichte zu machen und alle kühnen Bühnenträume zu durchkreuzen.

„Wenn ich nicht mehr tanzen kann, will ich nicht mehr leben", hat er damals gesagt. Doch das mit aller Energie förmlich herbeigezwungene Wunder der Heilung rückt diese verzweifelte Liebeserklärung ans Ballett in weite Ferne. Und es beginnt eine Bilderbuchkarriere.

Florian hatte Heinz oft und oft auf der Bühne erlebt. Immer und immer wieder war er verzaubert. Und erlöst. Ja, es ging etwas Erlösendes von diesem Tänzer aus, wenn er die Bühne betrat. Die Zeit schien stillzustehn.

Und nun lernte Florian ihn kennen, diesen liebenswerten jungen Münchner, der, wie ein Theaterpförtner ihm später sagte, einfach „ein netter Kerl war, nicht eingebildet und gar nichts". Er war ein Weltstar, aber: ein Weltstar mit Herz, dieser Münchner Apoll.

Heinz, am liebsten würde ich eines Tages einmal ein Ballett für dich schreiben", sagte Florian, ein wenig unvermittelt, während dieses Interviews. „Mir schwebt etwas vor, eine Rolle, in der ich mir keinen anderen Tänzer vorstellen könnte als dich. Es handelt sich um eine altfranzösische Tänzerlegende. Da gibt es eine sehr anspruchsvolle Charakterrolle: einen Tänzermönch. Und je länger ich mir dir rede, desto mehr wird mir klar: nur du kannst ihn tanzen.

Das Libretto ist rasch erzählt. Sei mir nicht böse, aber ich muß dich jetzt damit belästigen, obwohl es mit unserem Feuilletonporträt für die Abendzeitung nichts zu tun hat. Die Geschichte fällt mir einfach ein, jetzt, wo ich dich so vor mir sehe ...

Nach einem bewegten Vagantenleben kommt ein Tänzer auf die Idee, er könnte ein Mönch werden. Ein Klosterbruder. Schauplatz der ersten Szene ist ein mittelalterlicher Marktplatz. Eine Bretterbühne. Bizarres Jahrmarkttreiben. Hektische Lebenslust. Und mittendrin unser Tänzer. Im Mittelpunkt des Interesses. Seine Sprünge, Pirouetten und Arabesquen. Seine Grazie und seine Grandezza. Sein Witz.

Und in der zweiten Szene: Mönchschoral und Mönchsmoral. Anfangs gefällt ihm das alles sehr, sehr gut. Er hat den Frieden seiner Seele gefunden. Endlich. So kommt's ihm wenigstens vor. Doch dann fängt der frischgebakkene Tänzermönch an, sich in seiner Haut nicht mehr so recht wohl zu fühlen. Das Kloster wird zum gespenstischen Labyrinth. Wie ein Tier im Käfig kommt er sich vor in diesen heiligen Hallen. Doch am Tiefpunkt seiner Verzweiflung tut sich plötzlich eine ungeahnte Perspektive für ihn auf. Bei seinen Erkundungsgängen durch all die geheimnisvollen Bezirke seines klösterlichen Domizils entdeckt er eine nicht mehr benutzte große alte Gruftkirche. Die steinerne Muttergottes auf dem Altar sitzt da wie eine gestrenge Ballettmeisterin … Und das bringt ihn auf eine Idee. Auf eine Idee, vor der er zunächst erschrickt: Er könnte wieder tanzen! Hier! Ist nicht diese große alte Gruftkirche ein idealer Raum für sein tägliches Tänzerpflichtpensum?

Und in der dritten Szene beobachten wir unseren Tänzermönch bei seinem Exercise. Er hat entdeckt, daß man nicht unbedingt ein Publikum braucht, um Künstler zu sein. Doch die Crème de la crème der Himmelsprominenz, Engel und Heilige und Selige, die man auf den Bildern bewundern kann, die an die Wand gemalt sind, ja: die ganze Jenseitsprominenz scheint ihr heimliches Vergnügen zu haben am täglichen Exercise dieses Tänzermönchs und an seinen gelegentlichen Solo-Galavorstellungen zur alleinigen Ehre Gottes und seiner Heiligen.

Doch im vierten Bild erlebt man etwas Schreckliches: Ein schon die ganze Zeit mißtrauischer Mönch ist dem Bruder Tänzer endlich auf die Schliche gekommen. Und berichtet dem Abt voller Entrüstung, was er in der Gruftkirche hat mit ansehen müssen. Er ist außer sich vor Entsetzen über die schamlose Hopserei des ehemaligen Vaganten an einem derart heiligen Ort wie der Gruftkirche. Skandal! Sakrileg! Gotteslästerei! Solcherlei Ausrufe entfahren ihm, während er dem geduldig und gelassen zuhörenden Abt mit Händen und Füßen erzählt, was er gesehen hat. Der wohlbeleibte Denunziant versucht sich zu allem Überfluß selbst als Tänzer. Eine groteske Einlage. Ein todsicherer Lacherfolg jedenfalls ist er, dieser todernste Ankläger.

In der fünften Szene vergewissert sich der Abt an Ort und Stelle mit eigenen Augen davon, daß unser Tänzermönch kein Hallodri, sondern vielleicht sogar ein Heiliger ist. Der Vater Abt, von dem die Legende berichtet, er sei ein Seher gewesen, ein Visionär, bewundert nicht nur mit dem allergrößten Vergnügen die Bravour und die Brillanz, durch die sich der Tanz seines Schützlings auszeichnet, sondern sieht etwas, was eben nur ein Seher zu sehen vermag: Er sieht, wie die leibhaftige Crème de la crème des Himmels in der Gruftkirche erscheint, und zwar sozusagen demonstrativ, um jenem armen Artisten die Ehre ihrer Anwesenheit zu geben. Voller begeisterter Anteilnahme verfolgen die himmlischen Gäste den Verlauf der Vorstellung. Die Königin des Himmels höchstpersönlich – Notre Dame – drückte ihre Begeisterung für des Tänzers getanzte Gebete dadurch aus, daß sie ihn am Ende seiner Solo-Galavorstellung ans Herz drückt. Ihm den Schweiß vom Körper abwischt. Und ihm, deutlich vernehmbar für die Ohren des Abts, verspricht, sie werde sich seiner von nun an in ganz besonderer Weise annehmen. Sogar die Maria versteht also was vom Ballett. Wenn's nach dieser altfranzösischen Tänzerlegende geht ..."

Florian war ins Erzählen gekommen. „Ich habe dieses Libretto beim Stöbern in einem Antiquariat entdeckt. Und als ich sie zum erstenmal las, war ich begeistert von diesem legendären Tänzer. Besonders eindrucksvoll wird die Todesstunde dieses Tänzermönchs geschildert. In seinem Sterbezimmer stehen betende Mönche. Wie weiße Säulen stehen sie da in ihren weißen Kutten. Rundherum ums Sterbebett spielt sich eine Art von Dämonenballett ab: Verzweiflung, Angst und Hoffnungslosigkeit stellen sich ein, verkörpert von diabolischen Gestalten. Doch mit einem Schlag ist dieser böse Spuk vorbei. Der makabre Schabernack erstirbt schlagartig. Ein zweites Mal stellen sich in dieser letzten Szene die bereits bekannten Vertreter der Himmelsprominenz ein. Die Crème de la crème der Jenseitsprominenz stiehlt allen düsteren Dämonengestalten die Schau ...

Und der Name für dieses Ballett? Ich würde sagen: *Tänzerlegende.*"

Florian hatte sich so sehr hineingesteigert in seine Begeisterung für dieses Libretto und dieses Zukunftsprojekt, daß er fast vergaß, daß er – im Franziskaner saß, bei Leberkäs, Weißbier und Brezen. Doch Heinz' Lächeln am Ende der Geschichte bestärkte ihn in der Hoffnung, er könne mit ihm eines schönen Tages ein abendfüllendes Ballett draus machen. Denn Heinz war sichtlich beeindruckt. Von der Geschichte. Und von Florian. Wenn er auch noch nicht recht dran zu glauben schien, daß dieses Ballett ausgerechnet ihm auf den Leib geschrieben sein sollte.

Ungläubig, aber nicht ungern ließ er diese Prophezeiung über sich ergehen. „Heinz, du wirst sehn: eines Tages wird er wahr, dieser Traum! Ich hab dich schon in vielen großen Rollen erlebt, aber als Tänzermöch wirst du dich selbst übertreffen. Du *mußt* dieses Ballett tanzen. Und du wirst es tanzen. Todsicher." Man verabschiedete sich. Man verlor sich wieder aus den Augen. Und ein Jahr später erfuhr Florian in der Redaktion der Abendzeitung vom Krebstod des achtundzwanzigjährigen Tänzerfreunds.

Ihm war, als stünde die Zeit auf einmal still.

Es war eigentlich nicht verwunderlich, daß Florian eines Nachts einen Traum hatte, in dem ihm Heinz zum zweiten Male begegnete. Schauplatz war das Foyer jenes Hauses, in dem Florian zu jener Zeit beruflich des öfteren zu tun hatte. Alles in diesem Traum war normal und alltäglich. Nur die Grenze zwischen Diesseits und Jenseits war aufgehoben. Heinz tauchte tatsächlich als ein Unsterblicher auf, als ob er nie gestorben wäre, als ob es ihm keinerlei Mühe bereite, sich unter die Lebenden zu mischen. Und die freundliche Abendpförtnerin jenes Hauses, bei der sich der Besucher aus dem Jenseits ordnungsgemäß vorgestellt hatte, telephonierte Florian an. Teilte ihm mit der ihr stets eigenen herzlich höflichen Sachlichkeit mit, daß Besuch für ihn da sei: ein Heinz Bosl, der im Foyer auf ihn warte.

Und als sich die beiden dann gegenüberstanden, sagte Heinz, der es eilig zu haben schien: „Florian, bau jetzt auch noch meinen Tod in deinen Text ein, den du über mich schreibst. Aber um Gottes willen: schreib keinen weinerlichen Nachruf, lobe mich nicht in den Himmel hinauf, schreib keine Hymne und keine Laudatio, sondern nur: die Wahrheit." Sprach's und verschwand. Ende des Traums.

Einige Jahre später sitzt Florian, zusammen mit Heinz' Mutter im Garten des Elternhauses. Denn wenn man der Wahrheit auf der Spur ist, muß man ja „an die Quelle" gehen. Und während Mama Bosl einen weißblauen Socken für ihren Enkel David strickt, betrachtet Florian eine Serie von Porträtaufnahmen des Tänzers. Es sind Negative von Farbdias. Er hält sie gegen das Licht: und aus einem weißblauen Himmel lacht ihn sein Tänzerfreund an, der vor der Kulisse der Bayerischen Staatsoper sitzt, und Florian kann sich des Eindrucks nicht erwehren, als täte er einen Blick in einen Himmel, wie man ihn von bayerisch barocken Deckenfresken kennt. Daß dieser Eindruck gar nicht so abwegig ist, wird ihm schließlich aus einem biographischen Detail klar, das er aus zuverlässiger Quelle, aus dem Munde der Mutter, erfährt.

Heinz war mit ihr, kurz vor seinem Tod, noch in jenem Theaterstück gewesen, das davon handelt, daß ein gewisser Brandner-Kaspar den Tod beim Kartenspielen und beim Schnapseln außer Gefecht setzt. Unverrichteterdinge und zudem leicht alkoholisiert zieht der Tod wieder ab. Kurz und gut: der überlistete Tod überlistet schließlich, kurze Zeit später, den Brandner-Kaspar. Verspricht ihm eine unver-

bindliche Vorbesichtigung der ewigen Seligkeit. Und falls es ihm dort gefällt, kann er ja in Gottes Namen dort bleiben. Wenn nicht, darf er wieder zurück auf die Erde. Zurück nach Bayern. Der Tod langt mit seinen zaundürren Fingern an die Uhr an der Zimmerwand. Bringt sie zum Stillstand. Bringt den Brandner ins Reich der ewigen Stille. Läßt ihn von dort aus den versprochenen Blick ins Paradies hinein tun: und was sieht er, er kann's gar nicht glauben: – eine zweite verbesserte Ausgabe von Bayern. Mit allem Drum und Dran. Berge, Täler, Verwandtschaft, Bekanntschaft, Weißwürscht, Bier – und sogar sein eigenes Haus, das er soeben verlassen mußte, findet er wieder ...

Und Heinz hätte am Ende dieser Vorstellung gesagt: „Ja wenn das sooo ist, dann wär's mir wurscht, wenn ich sterben müßt'. Sooo möcht' ich auch einmal sterben."

Diese Worte gingen Florian lange nach; während der Fahrradfahrt durchs nächtliche München, auf dem Heimweg von Heinz' Elternhaus in sein eigenes kleines Domizil, bewegten ihn diese Worte immer und immer wieder. Während er durch den milchigen Nebel radelte, in dem die Lichter der Autos wie Sterne im Weltall aufschimmerten, war es ihm, als radelte er durch Milchstraßen, durch die rätselhafte endlose Weltallnacht. Es erinnerte ihn an die Inszenierung der letzten Reise des Brandner-Kaspar im Residenztheater. Er hatte das Stück natürlich gesehen. Und er ertappte sich bei dem Gedanken: ... und wenn es wirklich so ist, daß ein Münchner wie ich eines schönen Tages eine zweite verbesserte Ausgabe von München vorfindet – nicht auszudenken. Eine zweite verbesserte Ausgabe nicht nur von München, sondern auch von seiner Umgebung. Von seiner – internationalen Umgebung! Mit Korsika und New York und weiß Gott was noch allem! Einfach mit allem. Und während Florian durchs nächtliche München radelte, lobte er sein geliebtes München im wahrsten Sinne des Wortes in den Himmel hinauf. Und alles andere, was er sonst noch ins Herz geschlossen hatte, auch. Städte, Landschaften, Museen, Bücher, Freunde, glückliche Stunden ... Er radelte durch vertraute Straßen. Kam wieder an der Orpheusstraße vorbei. Kam sich vor wie Orpheus, der ja schließlich auch ein ähnliches Schicksal hatte wie der Brandner-Kaspar. Florian radelte weiter, immer weiter hinein in die Stadt, näherte sich immer mehr dem Herzen der Stadt. Oper. Theatinerkirche. Alter Peter ...

Ja, der alte Peter. So sagt er sich. Eines Tages bin ich selber – beim Petrus. Und wie trostlos wäre es dann, wenn es nicht so ähnlich wäre wie im Theaterstück vom Brandner-Kaspar. Das Dumme ist nur: Ausgerechnet der Tod ist es, der uns ins ewige Leben kutschiert. Und der Tod, der eines schönen Tages die Uhr anhält, auch wenn's mir nicht gefällt, der Tod hat in diesem Stück den schönen Namen: Boandlkramer. Ein Kramer, ein kleiner Hausierer, der von Haus zu Haus geht und das ewige Leben anpreist wie ein anderer Seifen oder Bürsten. Und nur die wenigsten kaufen's ihm ab. Wer kauft schon dem Tod seine Geschichten ab! Seine alten Geschichten. Die alle so gut ausgehen. Wie Märchen ... und wenn sie auch gestorben sind, so leben sie heute noch, im ewigen Heute, in einem Glück, in dem den Glücklichen keine Stunde schlägt.

Florian ertappte sich dabei, daß er anfing,

sich anzufreunden mit dem Geschichtenerzähler Tod. Er ertappte sich dabei, daß er ihm anfing, seine wunderbaren Geschichten abzukaufen. Der Tod wurde sein Lieblingsdichter.

Und als er sein Fahrrad einstellte, im Keller seines damaligen Domizils, kam ihm der Gedanke: wenn der Tod kein bloßer Märchenerzähler ist, dann finde ich eines Tages alles wieder, was München mir bedeutet hat. Und wenn seine Geschichten ebenso wahr wie schön sind – fast wär' ich versucht zu sagen: zu schön, um wahr zu sein, dann finde ich den Odeonsplatz wieder und den Viktualienmarkt, die Oper, Heinz Bosl, das Ballett, den Franziskaner ...

Und Florian sagt sich, während er sich in seiner Schwabinger Küche ein Glas Bier einschenkt: Wenn das alles wirklich nicht zu schön ist, um wahr zu sein und um wahr zu werden, dann mach' ich für Heinz auch das geplante Ballett: die Tänzerlegende.

Auf einem runden weißen Marmortischchen liegt ein hellblaues Heft: „Bosllegende" steht vorn auf dem Titel, es ist das Manuskript für den Artikel in der Abendzeitung. Vieles muß noch poliert werden, gestrichen, geändert, verbessert – die Alltagsarbeit eines Zeitungsschreibers eben. Florian blättert sein Heft durch, nippt an seiner Kaffeetasse, er ist ganz vertieft in seine Tänzerlegende.

Jenes runde weiße Marmortischchen in jenem Mannheimer Café, in dem er sich zufällig aufhält, denn er hat gerade beruflich zu tun hier, ist aber der einzige noch freie Platz im überfüllten Café, den ein junges Paar erspäht hat und auf den es zusteuert.

„Dürfen wir Platz nehmen?" Fragt eine freundliche Frauenstimme. Florian schaut auf. Er sieht ein junges Paar. Sie: hochschwanger.

„Aber bitte, gern, nehmen Sie doch Platz!" Sagt er mit einer einladenden Gebärde. Die beiden setzen sich zu ihm. Man tauscht unverbindliche Höflichkeiten aus. Der Kellner kommt. Sie bestellen. Man plaudert.

Doch nach einer Weile hat sich der Vorrat an jenen freundlichen Höflichkeiten erschöpft, mit denen man sich behilft, wenn man sich nicht kennt. Und nach einer kurzen Verlegenheitspause sagt Florian zu seinem Gegenüber: „Ich glaube, Ihre Frau und ich – wir sind Schicksalsgefährten: ich bin nämlich auch schwanger." Sagt er verschmitzt und deutet auf sein Manuskript. Ein erlöstes Lächeln huscht über die Gesichter aller Drei.

Das hellblaue Heft auf dem runden weißen Marmortischchen des Mannheimer Cafés stand nun plötzlich im Mittelpunkt.

„Und um was geht es in dieser Geschichte?" fragte die junge Frau.

„Um die Begegnung mit einem ungewöhnlichen Menschen. Mit einem Tänzer, der durch seinen frühen Tod zur Legende wurde."

„Haben Sie ihn persönlich gekannt?"

„Ob ich ihn persönlich gekannt habe? Das wäre zuviel gesagt. Nein, das Leben ist zu kurz, um einen Menschen wirklich kennenzulernen. Aber –", und Florian zögerte ein wenig und sagte nach einer bedeutungsvollen Pause mit der ihm eigenen schelmischen Scheu: „Aber ich *werde* ihn kennenlernen." Und er fügte verschmitzt hinzu: „Todsicher."

Legende von der Erschaffung des Kusses und seiner Errettung

Von Anfang an war es wohl so gedacht, daß es nicht nur ein einziges glückliches Paar geben sollte. Und nicht nur ein einziges Paradies.

Nicht nur für Adam und Eva wurde ein Paradies erschaffen, nein, auch für Romeo und Julia, für Daphnis und Chloe und selbstverständlich auch für jene beiden Glücklichen, denen es vergönnt war, den Herbst des Lebens und sogar den Lebensabend miteinander zu teilen: Philemon und Baucis.

In weiser Voraussicht all jener Liebesgeschichten, die auf dieser Erde stattfinden würden, begann der Schöpfer in seiner unerschöpflichen Schaffenslust Paradiese in Hülle und Fülle zu erschaffen. Nicht nur für die oben genannten, legendär gewordenen Liebespaare, nicht nur für die bereits erwähnten, nein, auch für alle anderen Paare, die sich als große Liebende einen Namen gemacht haben. Denn:

Was wäre mit all den mindestens ebenso wichtigen Namenlosen? Was wäre mit all den Freundespaaren wie David und Jonathan?

Nein, nicht nur jene Paare, die in die Weltliteratur eingegangen sind, sondern auch die, die man aus Kitschromanen kennt oder aus dem Kino, aus der eigenen Nachbarschaft oder aus der Zeitung. Oder gar aus der eigenen Familie. Nicht nur die legendären Ureltern Adam und Eva, sondern auch die eigenen Eltern haben ja ihre Erfahrungen miteinander. Und könnten einen Roman schreiben; oder besser: zwei Romane. Der Vater aus seiner und die Mutter aus ihrer Sicht ...

*P*aradiese in Hülle und Fülle, Vertreibungen aus dem Paradies selbstverständlich ebenfalls in Hülle und Fülle. Bei jedem Paar anders. Bei allen Paaren eine Katastrophe. Und: wie die Katastrophen dann gemeistert wurden, darüber gehen die Ansichten der Liebesgeschichtenerzähler auseinander.

Stellvertretend für all jene, die, wie man so schön sagt, „füreinander geschaffen" sind, soll die Erschaffung Adams für Eva und die Erschaffung Evas für Adam besungen werden – auch wenns das alte Lied ist. Doch weil das alte Stück mit dem Titel „Adam und Eva" bis auf den heutigen Tag auf dem Spielplan steht, lohnt es sich, die teuflisch gute Dramaturgie der Schlange zu studieren, ohne das berühmte Requisit, den Apfel, näher zu untersuchen. Denn wenn man der Schlange auf die Schliche gekommen ist, dann wird man wohl endlich mildernde Umstände finden können für das, was da angeblich passiert sein soll. Damals. Und heute noch.

Als Adam und Eva erschaffen worden waren, begriffen sie: wir Zwei sind *füreinander geschaffen.* Und als sie sich zum ersten Mal begegneten, da flog Eva auf Adam, der zwar momentan noch nicht recht wußte, wie ihm geschah. Sie flog auf ihn. Sie klammerte sich mit ihren zarten Händen liebevoll und sanft an seinen Armen fest und flüsterte das Zauberwort: „Ich liebe dich. Ich liebe dich. Ich liebe dich." Adam war verzaubert. Und er hatte auch allen Grund, verzaubert zu sein. Eva war das bezauberndste Geschöpf, das ihm je begegnet war. Und vielleicht war dieses erste Sichgegenüberstehen jene Sternstunde, in der der Schöpfer den Kuß erschuf. Der Kuß war sein Meisterstück.

Im Anfang, so stehts geschrieben, schuf Gott Himmel und Erde. Und ganz zum Schluß: da schuf der liebe Gott den Kuß. Doch mit dem ersten Kuß wars noch lang nicht Schluß. Der war nur ein Präludium für viele viele andere Spielarten der zärtlichen Zuneigung, die vorerst noch im unerschöpflichen Repertoir der Liebesphantasie des Schöpfers verborgen waren. Erst nach und nach sollten sie ans Licht kommen.

Jedenfalls: der Kuß hatte Premiere. Flirtend flanierten die beiden Überglücklichen durch den Garten Eden. Adam war in aller paradiesisch uneitlen Unschuld stolz auf sein Adamskostüm, und Eva fand sich so, wie der liebe Gott sie erschaffen hatte, zu Recht unwiderstehlich. Ja, zu Recht.

Adam merkte mit großem Vergnügen, daß man den Mund nicht nur zum Küssen, sondern auch zum Über-die-Lippen-Bringen von Komplimenten verwenden kann. Und er verschwendete seinen ganzen Charme und seine ganze Intelligenz, um die wichtigste Variante des Kusses, das Kompliment, zu erproben. Aug in Aug, Arm in Arm mit der Geliebten.

Die Tiere im Paradies spürten es zuallererst, daß da etwas ganz Besonderes vorgefallen sein mußte. Instinktiv spürten sie, daß Adam auf einmal ein ganz anderer Mensch war. Die Tiere nahmen lebhaften Anteil an der Romanze, die sich da angebahnt hatte im Paradies. Die Tiere hatten eine ganz besondere Sympathie für unsern Adam: denn schließlich hatte er ihnen ja ihre Namen gegeben. Es war eine wahre Sprachschöpferorgie, als Adam die Tiere beim Namen nannte. Die Namen waren Kreationen für sich. Adam, der Wortschöpfer, war dem Schöpfer durchaus kongenial. Was er für Namen fand! Kakadu, Katze und Kolibri! Affe, Giraffe, Libelle, Gazelle, Zikade, Nashorn und: Gnu! Und sogar für das listige Schlängeln der Schlange hatte er den passenden Namen gefunden. Teuflisch gut paßte der. Teuflisch gut ... Und dann so heitere Namen wie „Eichhörnchen" zum Beispiel. Der ganze flinke Witz dieses Tierchens war enthalten in diesem Wort. Ja, Adam war ein hochbegabter Wortschöpfer. Den schönsten Namen aber, der ihm je über die Lippen kam, fand er für seine strahlende junge Geliebte. Als er sie zum ersten Mal geküßt hatte, da gestand er ihr, daß er keinen schöneren Namen für sie wüßte als jenen, der so betörend und fast flehend klang, so wie Musik, so wie Zukunftsmusik oder so wie eine kleine Nachtmusik: Eva ...

Und sie war so stolz auf ihn. Er kam für sie gleich nach dem lieben Gott. Nicht daß sie ihn direkt abgöttisch geliebt hätte, nein, das nicht. Es lag so viel überschwengliche Verehrung in ihren Blicken, wenn sie ihn anhimmelte. Er war für sie so eine Art lieber Gott.

Aber warum war auf einmal der Teufel los? Mitten im Paradies? Warum gingen die beiden bisher noch unsterblich ineinander Verliebten plötzlich aufeinander los wie die Paviane im Käfig? Der Erzähler dieser Legende von der Erschaffung und von der Gefährdung des Kusses fürchtet, daß sich in den tiefsten Tiefen des Unterbewußtseins von Adam und Eva etwas abgespielt haben könnte, was niemand andrer als der Teufel eingefädelt hatte.

Zwar befinden wir uns nicht mehr im finsteren Mittelalter, wo man den Teufel ungeniert an die Wand zu malen pflegte. Sondern wir befinden uns im finsteren zwanzigsten Jahrhundert. Und weil das uralte Stück mit dem Titel „Adam und Eva" auch noch in unserem Jahrhundert immer wieder aufgeführt wird, muß man sich den Teufel, der in früheren Zeiten ganz naiv in der Gestalt einer Schlange oder sonst eines gefährlichen Untiers an die Kirchenwand gemalt wurde, ein wenig moderner vorstellen.

Es ist nicht völlig ausgeschlossen, daß sich das, was sich hinter dem makabren Pseudonym „Teufel" verbirgt, bei näherer Bekanntschaft entlarvt als so eine Art Untergrundorganisation,die uns in den Tiefen unseres Unterbewußtseins terrorisiert.

Soll hier etwa allen Ernstes behauptet werden, es sei die Lieblingsbeschäftigung der Hölle, Liebesgeschichten zu vereiteln? Doch! Kein geringerer Vorwurf wird hier erhoben.

Eine alte Erzählung versucht, eine plausible Erklärung zu finden für des Teufels Existenz mitten im Paradies. Obwohl er natürlich gerade dort am allerwenigsten etwas zu suchen gehabt hätte. Es wird erzählt, unter allen Engeln habe es einen gegeben, der so eine Art Intimus des Schöpfers war. Der in die intimsten Geheimnisse seines Herrn und Meisters eingeweiht gewesen sei. Ein Engel: hochintelligent, hochelegant: ein englischer Privatsekretär sozusagen. Des Schöpfers rechte Hand.

Und als Gott ihm eines Tages eröffnete, er habe vor, Menschen zu erschaffen, und zwar Liebespaare, da riet ihm der Satan dringendst ab. Das brächte nur Scherereien mit sich. So prophezeite er. Ein höchst überflüssiger Luxus sei das. Und natürlich schrecklich riskant.

Doch obwohl der Schöpfer wußte, daß es klüger gewesen wäre, weder die Menschen noch den Kuß zu erschaffen, schlug er alle gutgemeinten Ratschläge seines luziferischen Privatsekretärs in den Wind. Daß der tödlich beleidigt war, versteht sich von selbst.

Der Teufel gab dem lieben Gott noch eine letzte Chance: „Entweder du überlegst dir die Sache mit den Menschen noch einmal anders, oder ich war die längste Zeit dein Privatsekretär." Doch der Schöpfer entschied sich: für uns. Und: gegen seinen bisherigen Adlatus.

Und darum ist es nur allzu verständlich, daß diesem Exfreund des Schöpfers die Existenz von uns armseligen Geschöpfen ein Dorn im Auge war. Und ist. Bis heute.

Trotz alledem hatte der Schöpfer in weiser Voraussicht aller Liebesgeschichten, die sich auf dieser Erde abspielen würden, Paradiese aller Art und Paradiese für alle Geschmäcker erschaffen. Und weil unsere Geschmäcker verschieden sind, sind es auch unsere Paradiese. Leider hat auch der bereits erwähnte Exfreund des Schöpfers das fatale Talent, sich in all diesen verschiedenen Paradiesen anzupassen an den Geschmack der jeweiligen Paare. Und so war es ihm unglücklicherweise auch geglückt, sich zwischen Adam und Eva zu schlängeln, ins Herz dieser beiden, die zu diesem Zeitpunkt noch ein Herz und eine Seele waren. Des Teufels Taktik bestand zunächst einmal darin, sich bis zur Unkenntlichkeit zu tarnen. Seine Meisterschaft als Verwandlungskünstler ist so groß, daß er sich nicht nur in eine Schlange hineinverstecken kann, sondern sogar noch in weitaus schlauere Verstecke. Er tut das so perfekt, daß kein vernünftiger Mensch auf die Idee kommen kann, den Todfeind der Liebe da zu suchen, wo man ihn am wenigsten vermutet und wo er sich am liebsten aufhält: im Mittelpunkt.

Ja, er hat die Tendenz, sich überall in den Mittelpunkt zu drängen. So auch hier. Er konnte es nicht mitansehen, daß zwei so gutaussehende, so übermütige und so unsterblich ineinander Verliebte so ohne alle Sorgen und Probleme ihre Jugend genießen sollten.

Und es begann zu kriseln. Die Krise des Paradieses bestand darin, daß in den tiefsten Tiefen des Unterbewußtseins, vor denen selbst die Tiefenpsychologie kapituliert, eine Stimme laut wurde, eine unüberhörbare Stimme. Eva, die von Natur aus eine größere Begabung für alle irrationalen Untertöne des Lebens besitzt, für alles Intuitive und für alles Instinktive: Eva hörte diese heimliche Stimme zuerst. Adam war da wohl etwas langsamer. Eva hörte also zuerst des Teufels Kommentar zum Thema Paradies. Und zum Thema Liebe. Und auch was der Teufel alles über den lieben Gott vorzubringen wußte, leuchtete ein. Des Teufels Theologie war plausibel.

Verstört hörte Eva auf die Stimme des Verführers. Hilfesuchend blickte sie zu Adam hinüber. Doch von dem kam nur ein entgeisterter Blick, nur ein Achselzucken, das zu sagen schien: „Ich versteh nicht, was du hast, Eva. Ich glaub, du siehst Gespenster.“ Adam zweifelte an der Intelligenz seiner Frau. In Wirklichkeit aber war er überfordert von ihr. Und doch hätte ein einziger Blick genügt, und Adam hätte Eva in diesem gefährlichsten Augenblick erlösen können von jener diabolischen Faszination, der sie zu erliegen drohte. Erschwerend kam noch hinzu, daß Adam in dieser Krise seine Faszination für Eva verlor. Er war auf einmal so harmlos.

Adam schien von allen guten Geistern verlassen zu sein. Drum ließ er Eva im Stich, überließ sie sich selbst und ihren eigenen Problemen. In aller Unschuld wurde er schuldig an ihr. In aller paradiesischen Unschuld. War das, was man Adam anlasten müßte, so etwas, was man in der Amtsprache der Juristerei „unterlassene Hilfeleistung" nennt? War es Adams Unterlassungssünde, die schließlich zur Vertreibung aus dem Paradies führte? Adam, der große Charmeur, hatte sich in der großen Krise des Paradieses die Sünde der Charmelosigkeit und der Harmlosigkeit zuschulden kommen lassen. Und das hatte fatale Konsequenzen. Das war vorläufig das Ende der paradiesischen Seligkeit. Es war trostlos.

Die Vertreibung aus dem Paradies lag mittlerweile nun schon lange zurück. Nicht nur aus dem Garten Eden waren sie vertrieben worden, nicht nur die Flitterwochen waren vorbei und nicht nur das Flirten hatte seinen Reiz verloren, nicht nur die Küsse waren routinierter geworden und nicht nur die Komplimente. Man hatte sich einfach allzusehr arrangiert. Man himmelte sich nicht mehr an. Man war enttäuscht voneinander.

Doch eines Abends faßte sich Eva ein Herz und machte ihrem Lebensgefährten ein Geständnis, ein Liebesgeständnis eigener Art: Als wir damals beide aus dem Paradies vertrieben wurden, da warst du so deprimiert, daß du nicht mitkriegen konntest, was sich zwischen deiner lieben Frau und unserem lieben Gott abgespielt hat. Als ich ein letztes Mal sehnsüchtig ins Paradies zurückschaute, während du schon realistisch in die Zukunft blicktest, die uns außerhalb des Paradieses erwarten würde, – als ich ein letztes Mal sehnsüchtig ins Paradies zurückschaute, da traute ich meinen Augen nicht. Nein, das hätte ich dem lieben Gott nie im Leben zugetraut: er schaut mir nach, mit einem unendlich wehmütigen Blick. Und dann, stell dir vor, dann wirft er mir eine unendlich charmante Kußhand zu, und Blicke wirft er mir zu, die ich ihm nie zugetraut hätte. Denn der Teufel hatte uns doch damals weismachen wollen, daß der liebe Gott nichts von der Liebe verstünde. Adam, ich werde nie vergessen, wie er mich angeschaut hat, unser Schöpfer, es war ein geradezu verschwörerischer Blickwechsel zwischen ihm und mir, als wollte er mir sagen: Eva, wir Zwei, du und ich, wir machen die Welt schon wieder zum Paradies.Und eines Tages wirds auch der Adam begreifen – – " so sagte Eva mit einer entwaffnenden Bestimmtheit in der Stimme. Schmeichelhaft war das gerade nicht für ihn, doch inzwischen hatte er gelernt, über seinen Schatten zu springen. Er mußte lächeln. Über sich selbst. Und dieses Lächeln Adams über sich selbst war die Rettung. Die Rettung des Kusses in allererster Linie. Adams Ehrenrettung natürlich auch.

Das Ende dieser tragischen Romanze ist nicht bitter: Tod und Teufel tragen nicht den Sieg davon. Den Sieg davon tragen die Küsse, die ein Nachgeschmack sind vom Paradies, hinübergerettet aus besseren Zeiten. Die geretteten Küsse aber waren und sind jenem dubiosen Jemand, der sich hinter dem Pseudonym „Teufel" verbirgt, ein Dorn im Auge und ein rotes Tuch und eine ständige Erinnerung an seine größte Niederlage. Denn glücklicherweise war es ihm mißglückt, das zu verhindern, was wir: aus der Weltliteratur oder aus dem Kitschroman oder aus dem Kino kennen, aus der eigenen Familie oder vielleicht auch nur vom Hörensagen und als Gerücht: *das Wunder der Liebe.*

Eine Kerze für den König Ludwig statt einer „Vita" ...

An die Schultafel hatte der Prüfungskandidat die edlen Züge des bayerischen Märchenkönigs gemalt, mit Kreide. Seinen wehmütigen Blick. Seinen sinnlichen Mund. Seine kunstvolle Frisur. Und weils ein Brustbild war, auch ein bißchen Uniform. Eingerahmt war der jugendliche König Ludwig II. von Antiquitäten und Trödelladenkrimskrams, darunter ein wertvolles Triptychon aus der Barockzeit. Auf dem Mittelbild: Ignatius von Loyola. Er hält seinen ehemaligen Totenschädel in der Linken, er, der ja als Heiliger längst auferstanden ist von den Toten. Daß er seinen ehemaligen irdischen Kopf ausgerechnet in der Linken hält, und zwar obendrein noch mit einer gewissen Lässigkeit, läßt darauf schließen, daß er die letzte und größte Krise, die jeder Mensch zu meistern hat, offenbar mit der linken Hand über die Bühne gebracht hat.

Unser Prüfungskandidat, der gerade eine weitaus harmlosere Krise zu meistern hat, nämlich eine Lehrprobe fürs sogenannte höhere Lehramt, und zwar als sogenannter Kunsterzieher, steht vor der Klasse. Saskja, Susanne, Benjamin, Anderl, Oliver, Margot, Birgit – und all die anderen wohlklingenden Namen schießen ihm durch den Kopf. Was soll er denen von Kunst erzählen? Doch auf der letzten Bank sitzt die Prüfungskommission. Und die will heute was geboten bekommen. Soll sie es haben. Gebt dem Kaiser, was des Kaisers ist, und Gott, was Gottes ist – so steht's in der Bibel. Nach dieser Devise gibt er den Kunstbeamten, was der Kunstbeamten ist, und zollt der Kunst selbst jenes Opfer, das allein ihrer würdig ist. Er würdigt all die verschiedenen eindrucksvollen Wunderwerke an der Wand. Zitiert gelegentlich auch aus Wackenroders „Herzensergießungen eines kunstliebenden Klosterbruders" und beschließt seine Kunstbetrachtung mit einem Wort des Ignatius von Loyola: „Nicht das Vielwissen sättigt die Seele, sondern das Erleben der Dinge von innen her." Dies gelte auch für den Umgang mit Kunstwerken. Wer mit Kunst lebt, solle sich nicht übermäßig belasten mit Problemen von Kunsthändlern oder Kunsthistorikern, also mit Jahreszahlen, finanziellen oder sonstigen Etikettierungen von Kunstwerken, Theorien, Begriffen: denn Kunst bringt etwas zum Vorschein, was mit Begriffen nicht begriffen werden kann.

Doch große Kunst ist auf die Dauer zu anstrengend. Gelegentlich braucht der Mensch auch einen Kitsch. Und kurz vor Schluß der Stunde zieht der Prüfungskandidat aus einem altmodischen Hebammenkoffer ein Wunderwerk des Kitsches hervor. Ein Kastenbild. Einen Spiegel. Auf dem Spiegel ist der König Ludwig zu sehen. Er ist drauf und dran, Töne von sich zu geben. Denn im Kasten ist eine Spieluhr eingebaut, die die Bayernhymne klimpern kann. Das Kastenbild wird aufs Lehrerpult gestellt. Davor eine Kerze. Sie wird angezündet. Die Spieluhr aufgezogen. Und aus des glitzernden Kitschkönigs Antlitz klimpert es: „Gott mit dir, du Land der Bayern ..."

Lang, lang ist's her.

„Die Kunst ist oft ein großer Ärger, doch nicht beim Josef Oberberger.“ Dies schrieb Eugen Roth. Und zwar an die Adresse eines in München lebenden und zu jener Zeit an der dortigen Kunstakademie lehrenden Malers, aus gegebenem Anlaß. Dieser Maler wurde schließlich auch zum Illustrator der *Legenden von der Liebe.*

Der Name dieses Malers stand wie ein guter Stern über dem bisherigen Lebensweg des Autors. Dieser Weg nahm seinen Anfang im schwäbischen Städtchen Dillingen an der Donau, Anno Domini 1948. Und führte in den Jesuitenorden. Dort gibt's nicht nur Theologen, sondern auch – eher im Hintergrund – Brüder: Schreiner, Gärtner, Pförtner, Küster und Künstler. Ein solcher werden zu sollen war der – möglicherweise – göttliche Einfall von

M. K.